Les grandes  *métropoles*

BERLIN

Christine Hatt

GAMMA · ÉCOLE ACTIVE

© Belitha Press Limited 2000
London House, Great Eastern Wharf
Parkgate Road, London SW11 4NQ
Titre original : *Berlin*.

© Éditions Gamma,
60120 Bonneuil-les-Eaux, 2001,
pour l'édition française.
Traduit par Édouard Chard Hutchinson.
Dépôt légal : 2ᵉ trimestre 2001.
Bibliothèque nationale.
ISBN 2-7130-1920-6

Exclusivité au Canada :
Éditions École Active
2244, rue de Rouen, Montréal,
Qué. H2K 1L5.
Dépôts légaux : 2ᵉ trimestre 2001.
Bibliothèque nationale du Québec,
Bibliothèque nationale du Canada.
ISBN 2-89069-654-5

Loi n° 49-956 du 16 juillet 1949
sur les publications destinées à la
jeunesse.

Imprimé à Hong Kong.

Crédits photographiques :

AKG London : 8, 9h, 9b, 10h, 10b, 11b, 11h, 12b, 14h, 15b, 18b, 19b,
21h, 21b, 22h, 22b, 23h, 24, 27b, 30h, 33, 34b, 36h, 36b, 37h, 39h,
40g, 40d, 41b, 41h, 42øh, 42b, forside h ; Anthony Blake Photo
Library : 32h; Britstock-lfa : 1, 4, 5h, 5b, 16, 17h, 17b, 19h, 20b, 20h,
25h, 28b, 28h, 29h, 30b, 35h, 35b, 37b, 39b, 43mg, 43m, forside hg ;
Robert Harding Picture Library : 34h ; Helga Lade Fotoagentur : 26h ;
PowerStock/Zefa : 14b, 15hd, 25b, forside hd ; Rex Features : 12b, 12h,
18h, 26b, 27h, 29b, 31b, 31h, 38b, 43b ; Frank Spooner Pictures : 23b,
38b ; Trip : 12h, 32b.

Les mots **en gras** sont expliqués dans le glossaire pages 46 et 47.

SOMMAIRE

Berlin, capitale de la République **fédérale** d'Allemagne, se trouve au nord-est du pays sur les rives de la Sprée. Avec une superficie de 889 km² et une population de presque trois millions et demi d'habitants, elle en est la plus grande ville. Les environs de Berlin, appelés aussi le Grand Berlin, s'étendent au delà des limites de la ville, et comptent près d'un autre million de personnes.

La division et la réunification

En 1949, l'Allemagne et la ville de Berlin ont été partagées en deux secteurs, **communiste** à l'est et **capitaliste** à l'ouest. La réunification du pays et de la ville en 1990 a entraîné de nombreux changements. Les autorités berlinoises s'efforcent de donner à la ville une unité. Elles ont, par exemple, relié les réseaux de transport de l'Est à ceux de l'Ouest.

▲ Sur cette photo aérienne de Berlin, on distingue la porte de Brandebourg (en bas à gauche) et le Reichstag, ou parlement, en haut près de la rivière.

EN BREF
BERLIN

STATUT
Capitale de la République fédérale d'Allemagne ;
ville-État, l'un des 16 Länder de l'Allemagne

SUPERFICIE
889 km²

POPULATION
3 477 000 habitants (1996)

ADMINISTRATION
Le Land a son gouvernement et son maire ;
assemblées et maires d'arrondissement

CLIMAT
Températures moyennes
de -1 °C en janvier à 18 °C en juillet

HEURE LOCALE
Heure du Méridien de Greenwich
plus 1 heure

MONNAIE
1 Deutschmark (DM) = 100 pfennigs
(l'euro remplace le DM en février 2002)

LANGUE OFFICIELLE
Allemand

Le Land et son gouvernement autonome

Berlin constitue un Land, l'un des 16 États fédéraux qui composent l'Allemagne. La ville-État dispose d'un gouvernement, d'un parlement et d'un maire. Chacun des 23 arrondissements berlinois élit aussi son maire et son **assemblée**. L'ensemble forme le gouvernement autonome de la ville.

◄ Cet édifice en brique est l'hôtel de ville (Rathaus), où travaille le maire de Berlin. Autrefois, c'était le siège du gouvernement de Berlin-Est.

Berlin et le Brandebourg

Berlin risque d'être gouverné différemment, car il est prévu de fusionner le Land de Berlin avec le Land voisin du Brandebourg. Les populations ont voté contre la fusion en 1996, mais elles seront appelées à se prononcer à nouveau prochainement. Par ailleurs, le nombre d'arrondissements serait diminué pour simplifier la gestion locale.

La capitale

Berlin-Est était la capitale de l'Allemagne de l'Est avant la réunification. Bonn était celle de l'Allemagne de l'Ouest. Berlin est devenue la capitale de l'Allemagne réunifiée en 1991, et les politiciens allemands ont voté pour qu'elle redevienne le siège du gouvernement. Le déplacement du Parlement a pris effet en 1999.

◄ Autrefois, on chassait l'ours dans les forêts autour de Berlin. L'ours est devenu ainsi le symbole de la ville et figure sur son drapeau.

PLANS DE LA VILLE

La grande carte présente le Berlin d'aujourd'hui. Elle indique les sites mentionnés dans ce livre dont certains font l'objet d'une illustration. La petite carte montre les 23 arrondissements berlinois et vous aidera à mieux situer les endroits rencontrés au fil des pages.

LA PÉRIPHÉRIE DE BERLIN

CENTRE DE BERLIN

voir la carte du centre de Berlin

1	Reinickendorf	**13**	Spandau
2	Pankow	**14**	Zehlendorf
3	Weissensee	**15**	Steglitz
4	Wedding	**16**	Tempelhof
5	Prenzlauer Berg	**17**	Neukölln
6	Tiergarten	**18**	Treptow
7	Mitte	**19**	Köpenick
8	Friedrichshain	**20**	Hellersdorf
9	Kreuzberg	**21**	Marzahn
10	Schöneberg	**22**	Lichtenberg
11	Wilmersdorf	**23**	Hohenschönhausen
12	Charlottenburg		

1 Kurfürstendamm	
2 Église commémorative	
3 Nouvelle église	
4 Europa-Center	
5 Tiergarten (parc)	
6 Colonne de la Victoire	
7 Kulturforum	
8 Philharmonie	
9 Complexe Sony	
10 Quartier Daimler-Benz	
11 Place de Potsdam	

12 Mémorial de l'Holocauste	
13 Porte de Brandebourg	
14 Reichstag (parlement)	
15 Théâtre allemand	
16 Berliner Ensemble	
17 Musée du mur	
18 Cathédrale française	
19 Konzerthaus	
20 Cathédrale allemande	
21 Gendarmenmarkt (place)	
22 Opéra d'État	

23 Université Humboldt	
24 Nouvelle Synagogue	
25 Musée Bode	
26 Musée de Pergame	
27 Galerie nationale	
28 Vieux Musée	
29 Église Sainte-Marie	
30 Tour de Télévision	
31 Hôtel de ville	
32 Église Saint-Nicolas	
33 Alexanderplatz (place)	

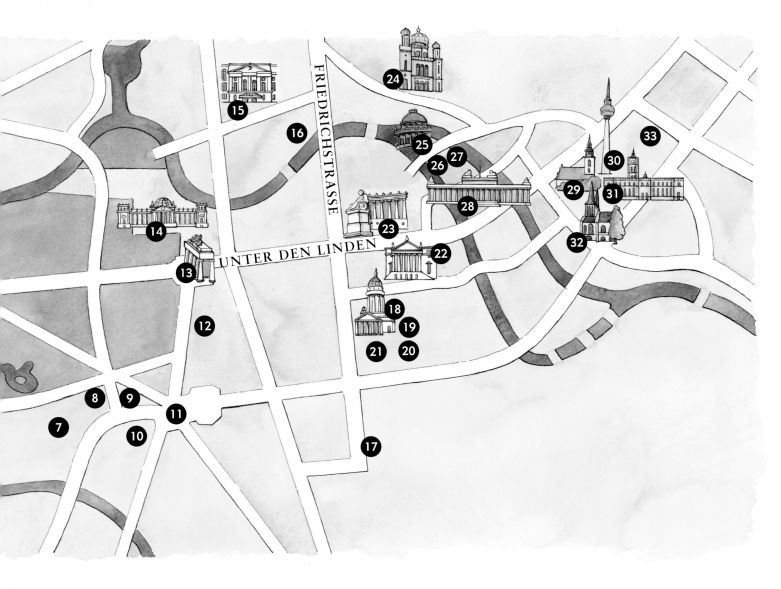

LES ORIGINES DE BERLIN

Au tout début du XIIIᵉ siècle, deux bourgades de marchands s'installent à Cölln et à Berlin, sur le site où se trouve de nos jours Berlin. Cölln, qui figure dans des écrits de 1237, était situé sur une île de la Sprée. Berlin, qui apparaît pour la première fois en 1244, était implantée sur la rive Nord de la rivière. Les deux villes sont réunies en 1307.

La famille des Hohenzollern

Berlin-Cölln appartenait à la région du Brandebourg. Depuis le XVᵉ siècle, elle est gouvernée par les princes de la famille des Hohenzollern. Ces derniers s'emparent des deux villes, y bâtissent un château et en font leur capitale. Entre 1618 et 1648, la guerre de Trente Ans oppose les protestants et les catholiques des pays d'Europe. Les combats font rage à Berlin-Cölln à cette époque et de terribles épidémies déciment près de la moitié d'une population estimée alors à environ 12 000 personnes.

De puissants monarques

Frédéric Guillaume, Grand **Électeur** du Brandebourg, trouve Berlin-Cölln à moitié abandonné à la fin de la guerre de Trente Ans. Il fait construire des **fortifications**, des canaux et des maisons, et fait venir de France près de 6000 **huguenots** pour remplacer les habitants tués par les guerres. À la mort de Frédéric Guillaume en 1688, son fils Frédéric Iᵉʳ devient Grand Électeur, puis premier roi de **Prusse** en 1701. La Prusse était alors incorporée à l'État brandebourgeois. En 1709, Frédéric Iᵉʳ réunit Berlin, Cölln et trois autres villes voisines pour former Berlin.

◄ Après la révocation de l'Édit de Nantes en 1685, les huguenots français sont accueillis à Berlin par Frédéric Guillaume.

Frédéric le Grand agrandit et ➤
modernise la Prusse. Il développe son
armée qui, avec ses 180 000 soldats,
devient la plus importante d'Europe.

Frédéric II le Grand

Le roi Frédéric II, qui commence son règne en 1740, fait
de la Prusse une grande puissance militaire et l'État le plus
important du Nord de l'Allemagne. Ami des arts, il contribue
à l'embellissement de Berlin, même s'il préfère vivre non loin
de là, à Potsdam, dans le palais Sans-Souci que les électeurs
du Brandebourg avaient choisi comme résidence.

Berlin au XIXᵉ siècle

En 1806, les armées de **Napoléon Bonaparte**
envahissent Berlin et y demeurent jusqu'en 1808.
Dans les années qui suivent, les ouvriers des
nouvelles usines sollicitent un salaire supérieur
et de meilleures conditions de travail. La
population commence à demander que la ville
se dote d'une **constitution** et d'un parlement.
En 1848 se produisent des troubles et, à partir
de 1849, le roi doit gouverner avec un parlement.

L'Empire allemand

Le 18 janvier 1871, la Prusse rejoint les
autres États allemands pour former l'Empire
allemand, avec le roi de Prusse, Guillaume Iᵉʳ,
comme Kaiser (empereur), et Otto von Bismarck,
le Premier ministre de Prusse, comme chancelier.
Berlin devient capitale de l'Empire et approche
le million d'habitants.

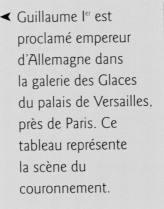

◄ Guillaume Iᵉʳ est
proclamé empereur
d'Allemagne dans
la galerie des Glaces
du palais de Versailles,
près de Paris. Ce
tableau représente
la scène du
couronnement.

Au cours de la **Première Guerre mondiale** (1914-1918), qui fait près de dix millions de morts, l'Allemagne combat de nombreux pays dont la France, la Grande-Bretagne, la Russie et les États-Unis. À la suite de sa défaite, l'empereur Guillaume II **abdique**.

Le chancelier Adolf Hitler ▼ (à gauche) en compagnie du président de l'Allemagne, Paul von Hindenburg en 1933. À la mort de ce dernier en 1934, Hitler se proclame **Führer**.

La république de Weimar

En 1919, l'Empire germanique est remplacé par une **république**. Un gouvernement social-démocrate est formé dans la ville de Weimar. Berlin est toujours la capitale de l'Allemagne et, en 1920, elle s'étend pour former le Grand Berlin. L'**inflation** et le chômage qui sévissent alors dans le pays poussent les Allemands à se tourner vers le parti **nazi**. Le 30 janvier 1933, le chef de ce parti, Adolf Hitler, devient chancelier. Il met fin à la république de Weimar, marquant ainsi l'avènement du IIIᵉ Reich, époque de la domination nazie.

La Seconde Guerre mondiale

Les nazis persécutent les juifs allemands et tous les opposants à leurs décisions politiques. Le 1ᵉʳ septembre 1939, en envahissant la Pologne, ils déclenchent la Seconde Guerre mondiale. Pendant la guerre, la ville de Berlin est détruite en grande partie par les bombardements des Alliés et 50 000 Berlinois y trouvent la mort. En avril 1945, Berlin est le théâtre des derniers combats entre les troupes **soviétiques** et l'armée allemande. Hitler se suicide et l'Allemagne capitule le 8 mai.

◀ Sous l'effet des bombardements, les rues de Berlin sont ensevelies sous près de cent millions de tonnes de gravats. Les hommes étant morts ou prisonniers, les femmes déblayent les rues.

Pendant le blocus de Berlin, ➤
des avions cargos ravitaillent
tous les jours les Berlinois,
et apportent des milliers de
tonnes de nourriture, dont
du chocolat et des bonbons.

Le pont aérien de Berlin

Après la capitulation de l'Allemagne, le pays
est divisé en quatre zones d'**occupation**, chacune
administrée par l'un des Alliés victorieux.
Berlin, situé en zone soviétique, est aussi
partagé en quatre secteurs. Mais bientôt,
les Soviétiques, qui contrôlent le secteur Est,
entrent en conflit avec les autres alliés. En juin
1948, les Russes interdisent tout transport par
la route, le rail ou les canaux entre Berlin-Ouest
et l'Allemagne de l'Ouest. Le blocus dure
un an, mais échoue grâce à un important pont
aérien qui, chaque jour, ravitaille les Berlinois.
Le blocus s'achève en mai 1949.

Les deux Allemagnes

En mai 1949, les secteurs contrôlés par les
Britanniques, les Français et les Américains
forment la République fédérale d'Allemagne
(ou Allemagne de l'Ouest), avec Bonn pour capitale.
En octobre, le secteur contrôlé par les Soviétiques
devient la République démocratique allemande
(ou Allemagne de l'Est), avec Berlin-Est pour
capitale. Comme Berlin-Est est plus pauvre que
Berlin-Ouest, beaucoup de gens passent à l'Ouest.
Le gouvernement de l'Allemagne de l'Est construit
alors un mur de béton doublé par des barbelés
pour empêcher de nouvelles fuites.

En 1989, la chute du mur de Berlin ▼
symbolise la fin de la **Guerre froide**
et l'espoir d'une nouvelle ère.

Enfin réunifiée

Dans les années 1980,
les Allemands de l'Est protestent
contre le manque de **démocratie**
dans leur pays. Ils provoquent
non seulement la chute du
gouvernement, mais aussi celle
du Mur le 9 novembre 1989.
Le 3 octobre 1990 les deux
Allemagnes sont enfin réunies
et Berlin redevient la capitale de
l'Allemagne **réunifiée**.

LES BERLINOIS

La réunification de Berlin en 1990 provoque l'allégresse des Berlinois. Dix ans plus tard, les 2,2 millions de Berlinois de l'Ouest et le 1,3 million de Berlinois de l'Est commencent à prendre la mesure du coût de ce qu'ils appellent *die Wende* (le changement). C'est souvent une source de tension entre les deux communautés.

Les Berlinois découvrent bientôt que ▲ la réunification a des inconvénients. « Nous voulons du travail, pas des licenciements » est l'un des slogans de cette manifestation.

Berlinois de l'Est et de l'Ouest

Sous l'administration communiste, les Berlinois de l'Est avaient des emplois et une allocation logement garantis. Ce n'est plus le cas aujourd'hui. Un tiers d'entre eux se trouve sans emploi. De plus, ils sont furieux que les riches Berlinois de l'Ouest fassent construire à l'Est de nouvelles maisons très chères ; les prix de l'immobilier grimpent et les Berlinois de l'Est sont contraints de déménager. Ceux de l'Ouest se plaignent à leur tour des impôts exorbitants qu'ils doivent payer pour financer la reconstruction d'un Berlin-Est délabré.

Le néo-nazisme

Les difficultés économiques ont conduit à une poussée du néo-nazisme à Berlin. Beaucoup de néo-nazis sont de jeunes hommes sans emploi des quartiers Est de la ville, comme Marzahn et Lichtenberg. Vêtus comme des skinheads (photo de droite) ils mènent parfois des attaques violentes contre les **immigrés**. On les soupçonne aussi de s'attaquer aux cimetières et aux mémoriaux juifs.

Les nouveaux arrivants

Seuls 12% des Berlinois ne sont pas des Allemands. Les Turcs constituent le tiers de cette population étrangère. Pour la plupart, ils arrivèrent à l'époque de l'édification du Mur, en 1961. Les entreprises de Berlin-Ouest ne pouvaient plus alors employer les Berlinois de l'Est et se tournèrent vers une main d'œuvre étrangère. Les ouvriers turcs se sont installés, en général, dans le quartier de Kreuzberg et y résident encore pour la plupart. Depuis 1990, les immigrants sont polonais et russes, mais aussi des réfugiés de guerre de l'ex-Yougoslavie.

Dans cette épicerie, les inscriptions sont ▲ en arabe et en allemand. Les différentes nationalités qui se sont installées à Berlin ont introduit de nouveaux aliments.

Les juifs de Berlin

Les juifs sont présents à Berlin depuis plusieurs siècles. Au XVIIe siècle, les juifs de Russie et d'Europe de l'Est, qui fuient les **pogroms,** viennent se réfugier à Berlin. Jusque dans les années 1930, ils sont environ 170 000 à vivre dans la ville. Quand les nazis prennent le pouvoir en 1933, les juifs perdent leur emploi et n'ont plus le droit de se mêler aux non-juifs. Le 9 novembre 1938, les nazis lancent un pillage massif de toutes les boutiques et les **synagogues** juives. C'est ce que l'on a appelé la Nuit de Cristal en raison de la quantité de verre brisé qui jonchait les rues.

La communauté juive de Berlin

Beaucoup de juifs quittent l'Allemagne à l'époque où les nazis sont au pouvoir. Des millions d'entre eux sont exterminés dans les **camps de concentration**. À la fin de la Seconde Guerre mondiale, il ne reste plus que 5000 juifs à Berlin. Depuis, ils y reviennent peu à peu. De nos jours, la population juive de Berlin atteint 10 500. C'est la plus grande communauté juive d'Allemagne. Ils vivent pour la plupart dans l'ancien quartier juif, sur la rive Nord de la Sprée.

▲ Ces Berlinois restent stupéfaits quand ils découvrent ce qui reste d'une boutique juive au lendemain de la Nuit de Cristal.

L'ARCHITECTURE

Berlin a bénéficié des talents de maints architectes qui y ont édifié des centaines de bâtiments superbes.

GERMANIA

Adolf Hitler avait de grands projets pour Berlin. Il voulait en faire sa nouvelle capitale, Germania, et y bâtir d'imposants monuments à la gloire de la puissance allemande. L'architecte Albert Speer édifie le premier de ces bâtiments en 1938, la Chancellerie (photo ci-dessus) lieu de travail d'Hitler. La défaite des nazis lors de la Seconde Guerre mondiale met fin à ce rêve de reconstruction de Berlin, et la Chancellerie est détruite par l'armée soviétique.

L'église Saint-Nicolas

Le quartier Saint-Nicolas (Nicolaiviertel), avec ses maisons reconstruites dans le style ancien, est dominé par les clochers de Saint-Nicolas, la plus ancienne église de Berlin. Construite vers 1230, elle est très endommagée par la Seconde Guerre mondiale. Le quartier et l'église sont restaurés en 1987. L'église est maintenant un musée sur l'histoire de Berlin jusqu'à la fin de la guerre de Trente Ans.

Le château de Charlottenburg

Le beau château de Charlottenburg est construit à la fin du XVIIe siècle comme résidence d'été de Sophie-Charlotte, épouse de Frédéric Ier (voir page 8). Plusieurs architectes, dont Karl Friedrich Schinkel (voir page 40), contribuent à agrandir la demeure qui est maintenant cinq fois plus grande que le bâtiment originel. La chapelle et quelques appartements sont ouverts au public. Le château contient aussi des musées et des galeries.

Le château de Charlottenburg ➤ s'est d'abord appelé château de Lutzenbourg. On lui a ensuite donné le nom de Sophie-Charlotte, l'épouse de Frédéric Ier.

La porte de Brandebourg

La porte de Brandebourg est l'un des plus grands monuments de Berlin. Elle se situe à l'Ouest de la plus prestigieuse avenue de Berlin, Unter den Linden « Sous les tilleuls ». Elle faisait partie du Mur entre les deux parties de Berlin quand la ville était divisée. Le portique de pierre a été dessiné par l'architecte Carl Gotthard Langhans et achevé en 1791. La statue en bronze au sommet, le célèbre *Quadrige de la Victoire*, représente un char tiré par quatre chevaux conduits par une femme qui incarne la Victoire.

Le *Quadrige* est envoyé à Paris après une ▲ campagne de Napoléon Bonaparte, mais remis à sa place en 1814.

▲ Les Berlinois surnomment les ruines de l'Église commémorative « la dent cassée » et sa voisine moderne « le tube de rouge à lèvres ».

Le Reichstag

Cet imposant édifice surmonté d'un dôme abrite le parlement de l'Empire germanique depuis 1894. Détruit par un incendie en 1933 et fortement endommagé en 1945 lors de la bataille de Berlin, il est restauré (voir page 42) et abrite à nouveau le parlement depuis 1999.

L'Église commémorative

Cette église (Kaiser-Wilhelm-Gedächtniskirche) est construite en 1895 en mémoire de l'empereur Guillaume Ier et presque détruite pendant la Seconde Guerre mondiale. Elle n'est pas restaurée afin que ses ruines témoignent des horreurs de la guerre. Une église moderne se trouve à proximité en signe d'espoir.

LES ESPACES VERTS

Berlin est une ville verte. La rivière Havel s'élargit au milieu de forêts pour former des lacs. Les larges artères sont bordées d'arbres. Plus du tiers de la surface de la ville est couvert de forêts, de parcs et de plans d'eau.

La Colonne de la Victoire, haute ▼ de 67 m, surplombe le rond-point de la Grande Étoile du Tiergarten. À son sommet se dresse une statue dorée représentant une femme ailée.

Le Tiergarten

Le plus grand parc de Berlin s'étend sur près de 3 km d'est en ouest. À l'origine c'est une forêt que Frédéric le Grand transforme en un splendide parc paysager. Le parc, renferme plusieurs édifices intéressants comme le château de Bellevue (Schloss Bellevue), aujourd'hui résidence du président de la République et la Colonne de la Victoire (Siegessaüle) qui commémore les succès militaires de la Prusse au XIXᵉ siècle. Le parc abrite aussi un zoo et un aquarium.

Le Grunewald

Cette immense forêt très dense, qui s'étend à la périphérie Ouest de Berlin, contient près de 25 millions d'arbres et abrite une importante faune telle que des cerfs, des chevreuils et des sangliers. Les Berlinois vont y pique-niquer et faire des randonnées à pied ou à bicyclette le long des sentiers boisés. Le Grunewald est célèbre pour ses curiosités comme le Teufelsberg (la montagne du diable), colline de 115 m de haut, érigée à partir des gravats de la Seconde Guerre mondiale, et qui sert de piste de ski en hiver.

Le Wannsee

Au sud du Grunewald, se trouve un autre lieu de plein air célèbre, le Wannsee, un plan d'eau formé par l'élargissement de la rivière Havel. Ce lac est bordé d'une plage de sable d'un kilomètre, la plus longue plage intérieure d'Europe. À la belle saison, les Berlinois s'y précipitent pour prendre le soleil ou se baigner. Les bateaux sillonnent les eaux du lac et certains tirent même des skieurs nautiques.

Sur les bords du Wannsee, on range ▲ ses affaires dans de petits coffres d'osier. Pour préserver le calme il n'est pas permis d'écouter la radio.

▲ Le château de l'île des Paons est un exemple du style « ruines » à la mode au début du romantisme.

L'île des Paons

Au sud du Wannsee, toujours sur la Havel, s'étend sur 98 hectares l'île des Paons (Pfaueninsel). En 1793, elle est achetée par le roi de Prusse Frédéric-Guillaume II qui y fait construire un petit château. Les visiteurs peuvent aujourd'hui le visiter. Les hôtes princiers, qui l'occupent par la suite, y créent de magnifiques jardins et y font venir des animaux cédés plus tard au zoo de Tiergarten. Mais les paons, qui ont donné à l'île son nom, se pavanent encore partout.

LE JARDINAGE

Beaucoup de Berlinois sont de fervents jardiniers. On dénombre près de 80 000 petits jardins sur les 6000 hectares que couvre la ville. Ces jardins sont éloignés des maisons et disposent tous d'une cabane d'été. Les propriétaires de jardin réunissent souvent leurs jardins en « colonies ». Les membres de la colonie passent ainsi librement d'un jardin à l'autre.

L'HABITAT

Les autorités de Berlin ont toujours essayé de procurer des logements à tous les Berlinois, et malgré tout, la ville en manque cruellement.

Les immeubles

En 1862, le plan de la ville de Berlin est redessiné et des milliers d'immeubles avec cour sont construits pour faire face aux besoins de logements de la classe ouvrière en augmentation continuelle. Si les façades des immeubles sont bien décorées, à l'intérieur les appartements sont souvent sombres et surpeuplés. Certains de ces immeubles existent encore et beaucoup sont en passe d'être rénovés pour devenir plus confortables.

L'immeuble de droite est un exemple ▲ du travail de rénovation en cours à Berlin. La façade de la maison de gauche est délabrée.

Les bâtiments qui composent la cité de la ▼ Case de l'Oncle Tom sont tous de couleurs et de styles différents. Près de 15 000 personnes y habitent.

Les cités

Dans les années 1920, commence une autre phase de construction. On fait appel à des architectes célèbres, comme Walter Gropius, pour concevoir des cités décentes à l'intention des familles modestes. Ces ensembles d'appartements sont souvent construits près de forêts ou d'espaces verts. Beaucoup, comme la cité de la Case de l'Oncle Tom dans le quartier de Zehlendorf au sud-ouest de Berlin, abritent encore aujourd'hui des Berlinois.

LES EXPOSITIONS

Berlin a connu plusieurs expositions d'architecture. Les architectes qui y participaient ont construit plusieurs types d'habitats dans la ville. Le quartier Hansa (Hansaviertel), près du Tiergarten, a été construit pour l'exposition de 1957 à laquelle 53 architectes du monde entier avaient participé. Pour celle de 1987, les architectes ont construit de nouvelles habitations et rénové de vieux immeubles pour les immigrés de Kreuzberg.

▲ Dans les années 1970, la nouvelle ville de Marzahn est construite à Berlin-Est. Elle compte de nombreuses tours en béton gris.

L'après guerre

Près de la moitié des appartements de Berlin sont détruits pendant la Seconde Guerre mondiale. Il faut reconstruire massivement dans les années qui suivent. Après le partage de Berlin, les deux parties connaissent un développement séparé. De grands ensembles sont construits dans les deux secteurs dans les années 1960 et 1970. À l'Est, les constructions sont préfabriquées en béton gris. À l'Ouest, elles sont plus diversifiées et plus gaies.

Les immeubles avec cour du Hackescher ▲ Markt sont maintenant rénovés et comportent des appartements, des théâtres, des galeries et des cafés.

Les squatters

Dans les années 1960, de nombreux Berlinois de l'Ouest, et plus particulièrement des étudiants, veulent protester contre le coût exorbitant des loyers. Par centaines, ils s'installent dans des appartements abandonnés de certains quartiers, comme Kreuzberg et les **squattent**. Les autorités de la ville ferment longtemps les yeux, d'autant que les squatters améliorent souvent ces taudis. Mais dans les années 1980, la police déloge des squatters.

L'habitat contemporain

La réunification a provoqué un retour vers Berlin qui est loin d'être achevé. La ville a donc besoin de nouveaux programmes immobiliers pour faire face à une demande accrue de logements. De nombreuses constructions neuves sont en chantier, mais aussi des programmes de rénovation, en particulier dans l'ex-secteur de Berlin-Est et du Hackescher Markt.

L'ÉDUCATION

Tous les petits Allemands ont droit à une place dans les écoles maternelles, mais ils ne sont pas obligés d'y aller. L'école est obligatoire de six ans à dix-huit ans. À l'âge de 16 ans, les élèves peuvent quitter l'enseignement général pour intégrer une école professionnelle et préparer un métier.

▲ Classe d'une école primaire allemande. À Berlin, les écoliers restent à l'école primaire deux ans de plus que dans les autres Länder.

Les écoles berlinoises

Les petits Berlinois restent à l'école primaire jusqu'à douze ans, puis ils poursuivent leurs études dans différents types d'établissements secondaires. Pour les plus âgés, il existe un grand choix d'écoles d'apprentissage. Avant la réunification, à Berlin-Est ces écoles dépendaient des entreprises. Maintenant, elles sont autonomes et spécialisées dans un domaine particulier, l'électronique ou la coiffure par exemple.

Les universités

Parmi les trois universités, la plus ancienne, fondée en 1810 par Wilhelm von Humboldt, porte le nom de son fondateur. Karl Marx, qui est à l'origine du Communisme, y a été étudiant. L'université de Humboldt se trouve dans l'ancien Berlin-Est. Pendant l'époque communiste, les enseignants n'étaient pas libres d'exprimer leurs idées. En 1948, des professeurs sont passés à l'Ouest et ont créé l'Université libre. Les étudiants de cette université ont joué un grand rôle dans les mouvements de protestation des années 1960 (voir page 19). La troisième université est l'université de Technologie, créée en 1879. L'enseignement y est exclusivement scientifique.

Les chercheurs et les ▲ étudiants de l'université de Technologie ainsi que ceux de l'institut de recherche Fraunhofer, travaillent dans ce bâtiment.

Les instituts spécialisés

Berlin possède des instituts universitaires spécialisés (Fachhochschulen). Ils dispensent des enseignements dans des branches précises. Parmi les plus célèbres, on peut citer l'institut de musique Hanns Eisler et l'institut d'économie Bruno Leuschner.

UN CENTRE SCIENTIFIQUE MAJEUR

Berlin est le centre scientifique le plus important d'Allemagne depuis 1910, date de la fondation de la société impériale Guillaume pour la Promotion des Sciences. Quelques-uns des plus grands hommes de sciences au monde ont travaillé pour cette société dans les années 1920, dont Albert Einstein (à droite) et Max Planck. En 1948 l'organisme a été rebaptisé société Max Planck. Il existe d'autres centres d'études scientifiques à Berlin. Une grande cité de la recherche et de la technologie est en construction dans la banlieue Sud-Est de Adlershof et doit accueillir près de 30 000 chercheurs des universités et de l'industrie.

◄ Devant l'Université Humboldt se dresse une statue de son fondateur, Wilhelm von Humboldt. Il y a également une statue de son frère Alexandre, le célèbre explorateur.

LA RELIGION

Au XVIᵉ siècle, le pasteur allemand Martin Luther est à l'origine d'un mouvement pour réformer l'Église catholique. Ce mouvement aboutit à la fondation des Églises protestantes. Catholiques et protestants sont en conflit permanent pendant des années et s'affrontent au cours de la guerre de Trente Ans (voir page 8). Aujourd'hui, les catholiques et les protestants vivent en harmonie à Berlin où se sont installés aussi des juifs et des musulmans en grand nombre.

LE SIÈCLE DES LUMIÈRES

Le XVIIIᵉ siècle, en Europe, est le siècle des Lumières. Les penseurs rejettent le fanatisme et la religion qui n'est que superstition à leurs yeux, au profit de la raison et de la science.

Les personnalités dominantes de ce mouvement sont le dramaturge Gotthold Lessing et le philosophe juif Moses Mendelssohn (portrait ci-dessus). Le roi Frédéric le Grand (voir page 9) encourage les idées des philosophes des Lumières depuis son palais de Potsdam.

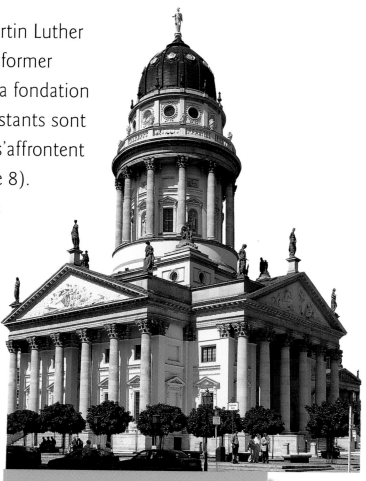

▲ La cathédrale allemande (ci-dessus) et la cathédrale française sont situées de chaque côté de la place Gendarmenmarkt.

Les églises protestantes

Les églises protestantes sont nombreuses dans la ville. La cathédrale de Berlin-Est est achevée en 1905, en l'honneur de Guillaume II. Sur la place Gendarmenmarkt se dressent deux autres cathédrales. La cathédrale française, construite en 1701 pour les huguenots (voir page 8), accueille encore aujourd'hui les protestants français. La cathédrale allemande fut autrefois un lieu de culte pour les **calvinistes** allemands. Elle abrite maintenant une exposition sur l'histoire de l'Allemagne.

Les dômes spectaculaires de ➤
la Nouvelle synagogue ont
retrouvé leur gloire grâce à
un long travail de rénovation.

Les églises catholiques

L'église Sainte-Marie (Marienkirche) est
une église catholique de la fin du XIVe siècle.
C'est encore un lieu de culte, à la différence
de son aînée de quelques années, l'église
Saint-Nicolas (voir page 14). La plus
grande église de Berlin est la cathédrale
Sainte-Hedwige, construite en 1747 après
la conquête, par Frédéric le Grand, de la
Silésie où vivaient de nombreux catholiques.

Les synagogues à Berlin

Les juifs ont bâti de nombreuses synagogues
à Berlin. La plus imposante est la Nouvelle
synagogue (Neue Synagoge), achevée en 1866.
Vingt-trois des vingt-neuf synagogues de Berlin
sont détruites pendant la Nuit de Cristal.
La Nouvelle synagogue survit, mais les nazis
la transforment en entrepôt. En 1943, elle est
sévèrement bombardée. Les travaux de
reconstruction ont permis de la rouvrir en
1995, comme musée et centre culturel.

La communauté musulmane

Les 140 000 Turcs qui vivent à Berlin sont
presque tous musulmans ; il y a donc maintenant
beaucoup de mosquées. La communauté
islamique de Moshee est implantée dans le
quartier de Wilmersdorf, au sud-ouest de Berlin,
et se réunit pour prier tous les vendredis.

▲ Cet imam, devant la mosquée
de Berlin, est le chef de la
communauté musulmane
de la ville.

L'ÉCONOMIE

Berlin est devenu un grand centre industriel au début du XIXᵉ siècle. Mais, soumises aux crises financières, à la guerre et au partage de la ville, les entreprises berlinoises ont connu depuis de graves problèmes. La réunification des deux Allemagnes, en 1990, a également entraîné du chômage. On assiste cependant à un retour progressif des industries et de l'emploi.

◄ Ce quartier s'appelle la ville Siemens (Siemensstadt). La firme Siemens, qui possédait le terrain, y a construit des usines, des bureaux et une grande zone résidentielle pour ses employés.

Les débuts de l'industrie

Les activités industrielles sont d'abord regroupées à la Charité dans le quartier Mitte. D'énormes fonderies pour la fonte, d'où s'échappent des flammes et de la fumée, valent à l'endroit le surnom de « fournaise ». En 1837, August Borsig y crée une fabrique de locomotives et, en 1847, Werner Siemens établit non loin une usine d'équipements électriques. Les deux activités étaient prospères, tout comme les industries du textile et de la porcelaine, pour ne citer que celles-là.

LES BANQUES

Berlin est un centre financier important avec ses cent cinquante banques, dont la Banque de Berlin et la Deutsche Bank. En 1994, est créée la Compagnie des Banques de Berlin chargée de soutenir la reprise économique de la nouvelle capitale. Berlin a aussi une bourse, située dans le quartier de Charlottenburg et ouverte au public qui peut y découvrir la frénésie des activités financières.

Déclin et renouveau

La crise financière de 1929 provoque la faillite de beaucoup d'entreprises berlinoises. Bien d'autres sont par la suite anéanties par la Seconde Guerre mondiale. Après la guerre, l'industrie connaît un développement différent à l'Est et à l'Ouest. L'Allemagne de l'Ouest offre une aide financière aux entreprises pour qu'elles s'établissent à Berlin-Ouest, mais beaucoup préfèrent une autre ville plus accessible. Berlin-Est devient le cœur industriel de l'Allemagne de l'Est.

L'après réunification

Après la réunification, les usines nationalisées de l'Allemagne de l'Est sont privatisées. Mais, elles ne sont pas modernes et leurs productions ne se vendent pas. De nombreuses usines doivent fermer et 155 000 ouvriers perdent leur emploi. Simultanément, bon nombre de Berlinois de l'Ouest se retrouvent au chômage parce que leurs entreprises, ne recevant plus d'aides de l'État, doivent fermer leurs portes. La situation empire encore avec l'arrivée des Berlinois de l'Est à la recherche d'un emploi.

Un nouveau départ

Aujourd'hui, près d'un tiers des ouvriers berlinois travaillent dans le secteur de l'électromécanique dominé par Siemens. Mais, comme il faut encore développer plus d'emplois, la ville essaie d'attirer de nouvelles entreprises. Le constructeur automobile Daimler-Benz et la société d'électronique Sony ont leur siège dans le complexe de la place de Potsdam, dans la partie Ouest. À l'Est s'implantent des compagnies comme Coca-Cola.

◄ Le constructeur allemand d'automobiles et de motos BMW a une usine à Spandau, quartier au nord-ouest de Berlin.

L'ORDRE PUBLIC

En dépit de l'augmentation des délits depuis la réunification, Berlin demeure une ville plutôt sûre, et la police s'y montre très coopérative.

La police berlinoise

Tout comme les autres Länder, Berlin dispose de sa propre police. La police nationale y intervient aussi parfois pour s'occuper de la grande délinquance. Les policiers de Berlin portent un uniforme vert et conduisent des véhicules, voitures ou fourgons, vert et blanc. Il y a six commissariats de police principaux dans Berlin ; celui de Tempelhof possède un musée consacré à l'histoire de la police municipale.

◄ Les policiers sont en voiture ou dans des fourgons. Ils ont aussi à leur disposition un escadron de motos qu'ils utilisent pour se déplacer dans les embouteillages.

La Stasi

Un autre musée de Berlin est consacré à une police beaucoup plus inquiétante, la **Stasi**, la police secrète de l'Allemagne de l'Est qui était célèbre pour espionner les simples citoyens aussi bien que les hommes politiques et les visiteurs étrangers. Elle fut démantelée en 1989. Le musée de la Stasi, qui se trouve dans ses anciens locaux de Lichtenberg, expose les caméras et les micros discrets que ses hommes utilisaient.

◄ La Stasi a espionné environ six millions d'Allemands de l'Est. Tous ont le droit de consulter leur dossier secret pour la première fois en 1991.

La délinquance urbaine

Le vol des sacs à l'arraché dans les endroits touristiques est l'un des délits les plus fréquents à Berlin. Le nombre d'agressions accompagnées de violence est aussi en hausse, en particulier dans certaines banlieues de l'Est où beaucoup de gens sont sans travail et sans ressources. Les agressions racistes augmentent (voir page 12). Le trafic de drogue est un autre problème majeur. Parfois, se produisent aussi des manifestations violentes, comme celles des étudiants, dans les années 1960, des squatters, dans les années 1980, et des pacifistes qui protestent contre la guerre du Golfe, en 1991.

Le système judiciaire

Il y a cinq sortes de tribunaux en Allemagne, dont les prud'hommes qui traitent les différends entre employeurs et employés, les tribunaux de commerce compétents pour les litiges entre ces entreprises et bien sûr les tribunaux où sont jugés les délits et les crimes. L'un des plus célèbres de Berlin est le nouveau tribunal de Moabit, situé dans le quartier de Tiergarten. À cet imposant édifice du XIXe siècle est adjointe une prison qui accueillit quelques-uns des plus célèbres criminels de Berlin.

LA TERREUR NAZIE

Les nazis avaient créé la **Gestapo,** la police secrète, et les **SS** (ci-dessous), une organisation de police militarisée. Les agents de ces polices emprisonnaient et torturaient tous ceux en désaccord avec les idées nazies. Les quartiers généraux des deux organisations siégeaient au palais du prince Albrecht à Berlin. Quand le bâtiment a été démoli par la suite, on a découvert des cellules souterraines. On les a laissées telles quelles, comme témoin d'une topographie.

SE DÉPLACER DANS BERLIN

Avec le développement de l'industrie au XIXᵉ siècle, de nouvelles formes de transport sont créées à Berlin. La première ligne de chemin de fer, reliant Berlin à Potsdam, est ouverte en 1838. Puis c'est le tour du métro urbain (U-Bahn) et du train urbain (S-Bahn), ainsi que du tramway et des autobus. En 1929, tous les transports de Berlin sont réunis en une société, qui est éclatée lors du partage de la ville en 1945.

◄ S-Bahn est l'abréviation de Stadt-Bahn, qui signifie « chemin de fer urbain ». Ce réseau permet de se déplacer dans Berlin et de se rendre dans les villes voisines, comme Potsdam.

Les transports urbains

Les responsables du transport urbain réinstallent les réseaux entre l'Est et l'Ouest. Ils ont réouvert des stations de l'U-Bahn et remis en service plus de 100 km de voies de l'S-Bahn qui avaient été fermées en 1945. Ils développent aussi les deux réseaux pour les relier à la nouvelle gare (voir page suivante). Les autobus parcourent à nouveau toute la ville. Les tramways, qui depuis les années 1970 ne circulaient qu'à Berlin-Est, voient leurs lignes se prolonger vers l'Ouest.

Le renouveau du rail

Une grande gare est en construction à Berlin. Elle est située près du siège du gouvernement. Lorsqu'elle sera achevée, quelque 75 000 passagers y transiteront tous les jours. Voitures et trains y accéderont en passant sous le Tiergarten. Les ingénieurs envisagent la construction de trains à sustentation magnétique qui relieront Berlin à Hambourg avec une vitesse de pointe de 500 km/h.

Les voitures roulent à près de 100 km/h ▼ sur la célèbre autoroute Avus de Berlin qui était à l'origine un circuit automobile.

Des cyclistes parcourent ▼ une rue où se trouvait autrefois le mur de Berlin.

La route

Les autorités de la ville espèrent que 80 % des gens qui circulent dans Berlin finiront par utiliser les transports publics. Mais, pour le moment, le parc automobile augmente, car beaucoup de Berlinois de l'Est ont acquis une voiture depuis la réunification. Les trajets sont souvent désagréables en raison des embouteillages fréquents causés par les travaux. La bretelle routière souterraine qui mène à la nouvelle gare devrait contribuer à améliorer la situation. De nombreux Berlinois ont trouvé une solution en utilisant la bicyclette.

LES VOIES NAVIGABLES

Le canal Landwehr (à gauche) appartient à un réseau de canaux qui traversent Berlin sur 200 km et relient la Sprée à la mer Baltique, au nord, et à la Pologne, à l'est, via les autres rivières. Ces canaux sont utilisés pour le transport des marchandises qui arrivent ou partent de Berlin. Ces marchandises sont chargées ou déchargées dans les quatorze ports de la ville, le plus important étant Westhafen. Les autorités de la ville tendent à accroître le transport fluvial et ont prévu la création d'un nouveau port dans le quartier de Neukölln.

L'avion

Berlin possède trois aéroports dont, deux internationaux, Tegel à l'Ouest et Schönefeld à l'Est. Tempelhof, qui se trouve au centre de la ville, est réservé aux vols intérieurs. Il est prévu d'agrandir l'aéroport de Schönefeld pour faire face à l'augmentation du trafic aérien.

Les magasins de Berlin sont très bien approvisionnés et sont ouverts pour la plupart jusqu'à 20 h en semaine. Il y a toutefois un plus grand choix de produits de luxe du côté Ouest, mais de nouvelles boutiques branchées s'ouvrent maintenant à l'Est.

Le Kurfürstendamm, ou plus simplement ▲ le Ku'damm comme l'appellent les Berlinois, est en pleine effervescence de jour comme de nuit.

L'avenue prestigieuse

Le Kurfürstendamm, avec ses 3,5 km où s'alignent boutiques de mode, restaurants et théâtres, est aujourd'hui le centre de la vie branchée à Berlin. Les amateurs d'antiquités trouvent leur bonheur dans les ventes aux enchères de la salle Leo Spik Une autre prestigieuse enseigne de cette rue est la KPM, magasin qui vend une porcelaine fine fabriquée à Berlin depuis 1751.

L'Europa-Center

À l'extrémité Est du Kurfürstendamm se situe l'Europa-Center, un grand centre commercial qui date des années 1960. Couvert de néons publicitaires, il abrite près de cent magasins. À l'intérieur, on aperçoit une horloge remplie d'un liquide coloré en mouvement que les Berlinois appellent « le presse jus de fruit ». À l'extérieur, une fontaine symbolise le globe terrestre ; les Berlinois la surnomment le « Wasserklops ».

▲ Des clients en arrêt devant l'horloge hydraulique de l'Europa-Center regardent tomber le liquide coloré dans les tubes et les sphères de verre.

L'étonnant nouveau ➤ magasin des Galeries Lafayette, tout de lumière et de verre, a été conçu par l'architecte Jean Nouvel.

Le plus grand des grands magasins

Non loin de l'Europa-Center, se tient le plus célèbre des magasins berlinois, le KaDeWe, abréviation de Kaufhaus des Westens qui signifie le grand magasin de l'Ouest. Fondé en 1907, il prétend être le plus grand d'Europe. On peut y acheter toutes sortes de choses, mais ce qui fait sa célébrité est son sixième étage consacré à l'alimentation. Toutes les spécialités du monde sont présentes et bien sûr celles d'Allemagne avec un grand choix de saucisses (voir page 32).

Les magasins de l'Est

Les promoteurs essaient de faire de Friedrichstrasse l'équivalent à l'Est de Kurfürstendamm. Parmi les nouveaux magasins on compte une succursale du grand magasin français, les Galeries Lafayette. Un autre grand magasin, Quartier 206, est l'œuvre de l'architecte américain d'origine chinoise Ieoh Ming Pei qui a conçu la Pyramide du Louvre, à Paris. Ces magasins présentent des produits d'excellente qualité et les articles les plus récents, mais les clients sont encore rares.

LES BONNES AFFAIRES À BERLIN

Les marchés en plein air sont abondants à Berlin. Ce sont souvent des marchés alimentaires, mais il existe aussi des marchés aux puces où il est possible de dénicher des objets intéressants dans le fouillis exposé. Dans Unter den Linden, près de la porte de Brandebourg, les puces ouvrent tous les jours et l'on y trouve des uniformes de l'armée soviétique et des morceaux du mur de Berlin réputés authentiques. Dans le quartier de Kreuzberg, un marché propose toutes les spécialités turques, dont les olives amères, le fromage salé et les épices.

LA RESTAURATION

Les Berlinois aiment en général manger gras et lourd. Au menu il y a souvent de la viande, surtout du porc sous toutes les formes, côtelettes, saucisses, boulettes ou jambon fumé. Mais Berlin est aussi une ville cosmopolite qui offre un large choix de plats internationaux.

Les spécialités de Berlin

Berlin a ses spécialités : une soupe de foie et de boudin servie au début du repas, des pieds de porc accompagnés d'une purée de pois, de la choucroute et de la moutarde. Mais il y a aussi les côtes de porc marinées dans du vinaigre, l'anguille avec une sauce au fenouil et les galettes de pommes de terre. Un dessert assez courant est proposé, un crumble de fruits rouges, framboises, cerises et cassis, accompagné d'une sauce à la vanille.

Au choix du client

À Berlin, les personnes qui veulent sortir de la cuisine traditionnelle ont le choix entre de nombreux restaurants. Certains, comme Altes Zollhaus, se sont spécialisés dans la nouvelle cuisine allemande, plus légère, moins traditionnelle et plus chère. Les restaurants végétariens prennent de l'importance, comme Zenit, où l'on sert des plats allemands traditionnels mais sans viande, et Hakuin, un restaurant bouddhiste. Il existe également des restaurants où l'on sert des spécialités étrangères, comme les restaurants turcs et italiens.

▲ Le plat berlinois de référence est la côte de porc marinée dans du vinaigre, plat qui date de Frédéric le Grand (voir page 9).

◄ Des petites saucisses grillées avec de la sauce tomate sont au menu de ce vendeur ambulant.

BIÈRES ET BARS

Berlin est le paradis des amateurs de bière. On y rencontre un grand nombre de bars, depuis le simple *Kneipen* au coin de la rue, jusqu'au plus sophistiqué, souvent un piège à touristes. Les cafés sont des salons de thé, mais certains servent aussi de la bière. Plusieurs sortes de bière sont proposées, dont la *Berliner Weisse*, une bière blonde de froment, spécialité de la ville. Elle est souvent servie avec une pointe de sirop de fruit pour en changer la couleur et le goût.

La restauration rapide

Les petits établissements de restauration rapide, les *Imbiss*, sont présents partout et proposent des saucisses grillées dont les célèbres *Currywurst*, recouvertes de sauce tomate et de poudre de curry. Cette recette a été inventée à Berlin et vendue pour la première fois par une femme du nom de Herta Heuwer en 1948. Mais brochettes, boulettes et frites font aussi les délices des passants.

Café et pâtisseries

Les Berlinois ont en général un faible pour le sucré. L'un de leur passe-temps préféré est de passer l'après-midi dans un café. Les cafés sont des salons de thé qui proposent des pâtisseries. Certains des plus célèbres cafés sont de vieux établissements distingués. L'Opern Café, dans Unter den Linden, se situe dans un ancien palais et permet de déguster un strudel aux pommes, une forêt noire ou un gâteau au fromage, tous servis avec de la crème fouettée. Le chocolat chaud avec de la chantilly rencontre autant la faveur des Berlinois que le café.

LES LOISIRS

Berlin compte plus de cent cinquante théâtres qui proposent une incroyable variété de spectacles, pièces classiques, comédies musicales et théâtre d'avant-garde. Mais, depuis la réunification, certains théâtres connaissent de grandes difficultés.

▼ Les splendides décorations et l'ameublement du Théâtre allemand, qui a ouvert ses portes en 1883, ont été restaurés pour son centenaire en 1983.

Le théâtre classique

En 1948, Bertolt Brecht (voir page 41) fonde une compagnie théâtrale à Berlin-Est : le Berliner Ensemble, qui monte ses pièces au Theater am Schiffbauerdamm. Ce théâtre est maintenant connu comme le Berliner Ensemble et produit toujours les pièces de Brecht. Le Théâtre allemand (Deutsches Theater), le plus vieux de la ville, a un répertoire classique, allemand et étranger. Des pièces anciennes et contemporaines sont jouées au Schaubühne am Lehniner Platz.

L'âge d'or des années 1920

Si les années 1920 sont une époque difficile pour les Berlinois (voir page 10), elles sont aussi marquées par une explosion culturelle. Le dadaïsme est en pleine effervescence. Berlin accueille la première Foire internationale Dada (photo ci-contre). Fritz Lang et d'autres metteurs en scène réalisent des films aux Babelsberg Studios. Des peintres, comme George Grosz, des auteurs, comme Bertolt Brecht, et des compositeurs, comme Arnold Schoenberg, mettent la puissance de leurs images, de leurs mots et de leur musique au service de la vie berlinoise.

◄ Le Friedrichstadt Palast est une salle de spectacle polyvalente qui accueille chanteurs, danseurs et même acrobates.

Les divertissements

Quatre salles donnent des comédies musicales, dont le célèbre Theater des Westens. Le Bar Jeder Vernunft, immense tente décorée de miroirs et tendue de velours rouge, est un cabaret qui rencontre la faveur du public. Lorsque le spectacle sur scène est terminé, les musiciens jouent pour le public jusqu'à l'aube.

La musique classique

Avec de grands orchestres, Berlin est un centre de musique classique. L'orchestre philharmonique de Berlin, fondé en 1882, connaît la gloire sous la direction de Herbert von Karajan qui le dirige de 1955 à 1989. Il se produit à la Philharmonie du Kulturforum (voir pages 36-37), un édifice des années 1960. L'orchestre symphonique de Berlin, créé en 1952, est dirigé par Vladimir Ashkenazy et se produit à la Konzerthaus, une salle de concerts construite au XIXe siècle.

Représentation au Konzerthaus. Cet édifice, ▲ construit au début du XIXe siècle, se trouve entre les cathédrales française et allemande sur la place de Gendarmenmarkt.

Les salles d'opéra

Berlin possède trois salles d'opéra. La plus ancienne, l'Opéra national, située sur l'Unter den Linden, est construite sur la demande de Frédéric le Grand, en 1742, et reconstruite après la Seconde Guerre mondiale. L'Opéra allemand de Charlottenburg est érigé en 1961, quand le partage de la ville prive les Berlinois de l'Ouest de l'Opéra national. Enfin l'Opéra comique, qui se tient aussi sur l'Unter den Linden, est construit en 1947.

La ville du cinéma

Les Berlinois sont des assidus du cinéma. La ville compte près de cent trente salles. La plus grande est le Zoo Palast avec ses neuf écrans, mais un multiplex de dix-neuf écrans et un Imax vont faire partie du complexe Daimler-Benz qui s'ouvre place de Potsdam.

LES MUSÉES ET LES GALERIES

Les musées et les galeries d'art de Berlin sont tous regroupés dans quatre secteurs : l'île des Musées (Museuminsel) à l'Est et les ensembles de Dahlem, de Charlottenburg et du Kulturforum à l'Ouest. Depuis la réunification, les autorités de Berlin ont réorganisé les quatre sites de façon à mettre en valeur leurs très riches collections.

L'île des Musées

Créé au début du XXe siècle, ce vaste complexe comprend quatre musées en cours de réaménagement depuis la réunification. La Galerie nationale et le musée Bode sont en rénovation. Le Vieux Musée contenait autrefois la collection de 1200 tableaux de la famille royale de Prusse. Il sert aujourd'hui de cadre pour les expositions temporaires organisées par les musées de Berlin.

▲ Le musée Bode porte le nom de Wilhelm Bode, conservateur des musées de Berlin de 1904 à 1920.

Le musée de Pergame

C'est le quatrième musée de l'île des Musées où sont exposés les trésors rapportés par les archéologues allemands à la fin du XIXe et au début du XXe siècles. Ses pièces maîtresses sont l'autel de Pergame, aujourd'hui en Turquie, et la porte d'Ishtar, qui vient de Babylone. Le cinquième musée de l'île, le Nouveau Musée, détruit pendant la Seconde Guerre mondiale, est en cours de reconstruction.

Ce fragment en marbre de l'autel ▲ de Pergame, vieux de 2000 ans, montre une scène d'un combat entre les géants et les dieux.

Les musées de Dahlem

Les trésors des musées de Berlin ont été cachés pendant la guerre. Puis, ils ont été répartis entre Berlin-Est et Berlin-Ouest. Les principaux musées se situant dans le secteur Est, des musées furent aménagés dans la partie Ouest de la ville, principalement dans le quartier de Dahlem. Le musée d'**Ethnographie** comporte huit départements et expose d'importantes collections du monde entier.

Charlottenburg

Plusieurs galeries et musées sont regroupés dans le château de Charlottenburg et ses bâtiments annexes (voir page 14). Le plus important d'entre eux est le musée égyptien, ses collections d'antiquités égyptiennes comptent parmi les plus belles du monde et recèlent le célèbre buste de la reine Néfertiti (1350 av. J.-C.).

◄ Des archéologues ont jugé ce buste de la reine Néfertiti en 1912 magnifique. Il n'était utilisé que comme modèle pour d'autres statues, les sculpteurs n'ont alors pas pris la peine d'y incorporer son deuxième œil.

Le Kulturforum

Ce forum de la culture au Tiergarten rassemble deux galeries. La Gemäldegalerie, Galerie de peintures, présente des collections de toutes les écoles jusqu'à la fin du XVIIIᵉ siècle, collections autrefois réparties entre le musée Bode et le musée d'Ethnographie. La Nouvelle Galerie nationale abrite des peintures et des sculptures des XIXᵉ et XXᵉ siècles.

CHECKPOINT CHARLIE

Le seul point de passage autorisé dans le mur de Berlin était surnommé Checkpoint Charlie. En 1963, a été ouvert non loin de cet endroit le Haus am Checkpoint Charlie Museum. Ce musée du Mur présente des documents sur l'édification du Mur et les Berlinois de l'Est qui risquaient, et parfois perdaient leur vie, en essayant de le franchir. Il reste un tronçon du Mur qui a été converti en exposition, la Galerie du Secteur Est (à droite).

LES GRANDES MANIFESTATIONS

Un programme varié de films, de musique et de festivals maintient une animation dans la ville tout au long de l'année.

L'ouverture du Festival du film attire ▲ beaucoup de monde, car les gens espèrent y apercevoir les vedettes de cinéma.

Le Festival du film en février

Le Festival international du film de Berlin se déroule en février. Près de 800 films y sont présentés en douze jours. Le jury se réunissait dans la salle du Zoo Palast pour sélectionner les meilleurs films. En 2000, le jury s'est déplacé dans les nouveaux cinémas de la place de Potsdam. Les lauréats reçoivent des Ours d'or et d'argent.

Théâtre et tennis

Différentes manifestations se déroulent fin avril et début mai. Le Festival de théâtre de Berlin dure deux semaines. Des troupes de langue allemande venues d'Autriche, de Suisse et d'Allemagne donnent des spectacles dans différentes salles de la ville. En mai Berlin accueille l'Open de tennis d'Allemagne, compétition réservée aux dames.

Musiques d'été

L'été, la musique fait vibrer Berlin. Les Journées Bach ont lieu début juillet tous les deux ans. Pendant ce festival, qui dure neuf jours, trente concerts des œuvres du compositeur allemand Jean-Sébastien Bach sont donnés dans les églises, les salles de concerts et les palais de la ville. La Love Parade, le second samedi de juillet, défile à travers la ville. Des musiques frénétiques de danse s'échappent des chars décorés. La fête se prolonge souvent jusqu'au dimanche soir.

Pour la Love Parade, les Berlinois ➤ adorent danser et se déguiser. Plus le déguisement est osé, mieux c'est.

Les manifestations d'automne

Les Semaines du Festival de Berlin se déroulent en septembre et chaque année elles mettent à l'honneur un pays et un style artistique différents. Des spectacles divers, théâtre, danse, lectures de poésie et expositions d'art, ont lieu dans des salles de concerts, comme la Konzerthaus et la Philharmonie. En automne, le sport n'est pas oublié. Près de 20 000 coureurs disputent le marathon de Berlin le premier dimanche d'octobre.

Coureurs du marathon qui franchissent la porte de Brandebourg. L'arrivée de la course se situe à l'Église commémorative. ➤

◄ Les chalands du marché de Noël profitent des stands traditionnels, mais aussi d'une fête foraine.

Noël et le Nouvel An

Plusieurs marchés de Noël sont ouverts à Berlin en décembre. Le plus célèbre est celui de la Breitscheidplatz, situé près de l'Église commémorative (voir page 15). On y vend des produits allemands traditionnels comme le pain d'épice. La veille du Jour de l'An, certains participent à une course à travers la ville. Puis, les Berlinois chantent, dansent, tirent des feux d'artifice pour fêter la nouvelle année.

LA FÊTE GERMANO-AMÉRICAINE

En 1961, l'année où est érigé le mur de Berlin, des Berlinois de l'Ouest et des militaires américains affectés à ce secteur créent la fête germano-américaine. Les troupes américaines quittent Berlin en 1994, mais la fête se tient chaque année à Dahlem, de la fin juillet à la mi-août. Des milliers de Berlinois viennent y faire des tours de manège, manger américain et boire de la bière.

Des personnages célèbres ont parcouru Berlin à travers l'histoire. Voici cinq Berlinois parmi ceux qui ont particulièrement compté pour la ville.

Karl Friedrich Schinkel

Né en 1781, il fait des études d'architecture à Berlin et travaille pour le bureau d'urbanisme de la ville en 1810. Au cours des vingt années qui suivent, Schinkel dresse les plans de quelques-uns des édifices les plus impressionnants, tels que le Konzerthaus (voir page 35) et le Vieux Musée (voir page 36). Son influence se fait sentir bien après sa mort qui survient en 1841. Un musée Schinkel est maintenant ouvert à Berlin dans l'église Friedrichwerdersche qu'il a dessinée.

Ernst Reuter ▼ (ci-dessous, à gauche) lors du lancement d'une station de radio. Reuter est maire de Berlin - Ouest de 1948 à sa mort en 1953.

Marlene Dietrich

Ernst Reuter

Il est élu maire de Berlin en 1947. À cette époque, la tension est si importante entre les Soviétiques et leurs anciens alliés que les Soviétiques n'acceptent pas Reuter à ce poste. Malgré cela, il multiplie ses efforts pour aider les Berlinois pendant le blocus (voir page 10). Il devient officiellement maire de Berlin en 1948. Il reste célèbre pour un de ses discours prononcés cette année-là : « Peuples du monde ! Considérez cette ville et reconnaissez que vous n'avez le droit d'abandonner ni Berlin, ni les Berlinois... »

Une place Marlène Dietrich vient ▲ d'être inaugurée à Berlin ; elle est située non loin de la place de Potsdam.

Bertolt Brecht

Bertolt Brecht fait ses débuts d'auteur dramatique au Théâtre allemand de Berlin en 1924. Quatre ans plus tard, son drame lyrique, l'*Opéra de quat'sous*, lui apporte la gloire. Comme la plupart de ses œuvres, elle exprime ses convictions **marxistes**. Brecht s'expatrie en 1933 lors de l'arrivée des nazis au pouvoir. Il écrit plusieurs pièces les années suivantes, dont *Mère Courage et ses enfants* (1941). Il rentre à Berlin-Est en 1948 et fonde le Berliner Ensemble (voir page 34) que sa femme continue à diriger après sa mort.

La maison berlinoise de Bertolt Brecht ▲ est transformée en musée. Elle se situe près du Berliner Ensemble où Brecht a travaillé de 1948 à 1956.

CHRISTA WOLF

Née en 1929 dans une région de l'Allemagne qui fait maintenant partie de la Pologne, Christa Wolf s'installe à Berlin-Est en 1953. Dans les années 1960, elle publie des romans dans lesquels elle évoque les problèmes politiques et culturels de l'Allemagne de l'Est. Ainsi, son roman de 1963, *le Ciel partagé*, est à la fois une histoire d'amour qui se passe à Berlin et un essai à la gloire du communisme. Son œuvre parle aussi du passé nazi de l'Allemagne, du féminisme et de la chute du communisme.

Marlène Dietrich

Née dans le quartier de Schöneberg à Berlin en 1901, elle fait sa première apparition en 1922 sur la scène du Théâtre allemand. Elle débute dans des films aux Babelsberg Studios. Elle est révélée par le metteur en scène Josef von Sternberg qui lui donne le premier rôle dans *l'Ange Bleu* (1930). Elle part alors à Hollywood pour y faire carrière. Marlène Dietrich meurt à Paris en 1992. Son corps est ramené à Berlin et elle repose au cimetière Friedenauer de Schöneberg.

L'AVENIR DE BERLIN

Berlin est en perpétuelle évolution. Depuis la réunification de 1990, hommes politiques et urbanistes, architectes et promoteurs ne ménagent pas leurs efforts pour donner à la ville un nouvel essor. Mais il reste encore beaucoup à faire.

Les nouveautés

Le changement le plus important concerne le déplacement des gouvernement et parlement fédéraux. Installés à Berlin depuis 1999, ils redonnent à la ville son statut de capitale. Les institutions gouvernementales occupent deux secteurs : le quartier autour du palais du Reichstag restauré et l'ancien quartier du gouvernement plus au sud. On projette aussi de construire sur l'île des Musées, sur le site du palais impérial démoli en 1950. Mais les détracteurs du projet préféreraient que le palais soit reconstruit.

▲ L'architecte anglais Norman Foster a restauré le palais du Reichstag. L'ancien dôme démoli (voir photo en page 4) a été remplacé.

Les Berlinois en faveur de la reconstruction ➤ du palais impérial ont monté un échafaudage sur le site en 1993. Puis, ils ont recouvert la structure d'une immense toile peinte qui représentait le palais.

Alexanderplatz

Cette place était le cœur de l'activité berlinoise avant la Seconde Guerre mondiale. Elle est restée le centre de la vie urbaine de Berlin-Est. Dans les années 1960, les urbanistes démolirent beaucoup de ses édifices pour en construire de nouveaux dans un style plus « socialiste ». C'est aujourd'hui une morne étendue de béton environnée d'immeubles de bureaux laids et d'une tour de télévision. Il est prévu de la démolir à nouveau pour y aménager un nouvel ensemble.

La fusion avec le Brandebourg

Fusionner Berlin avec le Land du Brandebourg (voir page 5) apporterait de grands changements pour la ville. Le but serait d'aménager le secteur de l'emploi, de l'éducation et de fournir d'autres avantages aux six millions d'habitants des deux régions. Il existe déjà certains services communs. Mais tout nouveau gouvernement devra concilier les besoins des populations rurales du Brandebourg et ceux des habitants de la nouvelle et dynamique Berlin.

LE CENTRE DE L'EUROPE

Depuis la chute du communisme en Europe de l'Est. Un grand nombre d'anciens pays communistes, comme la Pologne et la République tchèque, demandent à entrer dans l'**Union européenne**. Cette extension vers l'Est devrait être bénéfique à Berlin qui se trouverait ainsi non plus à la périphérie, mais au centre de l'Europe. Cette position encouragerait l'implantation de nouvelles industries et de nouveaux bureaux dans la ville. De plus, Berlin a bien accueilli l'introduction de l'euro, la nouvelle monnaie qui entre en circulation en février 2002.

Les chantiers en prévision

De nouveaux chantiers sont prévus à Berlin. Certains sont déjà en cours ou achevés, comme les ensembles Daimler-Benz et Sony sur la place de Potsdam (voir page 25) ou le Musée juif de Kreuzberg. On prévoit également de construire un monument à la mémoire de l'**Holocauste** près de la porte de Brandebourg, sur le site de la chancellerie de Hitler (voir page 14). C'est l'architecte américain Peter Eisenman qui en dessinera les plans. À proximité se tiendra une maison du Souvenir où les visiteurs trouveront les informations sur l'Holocauste.

Le nouveau Musée juif, situé dans le ▲ quartier du Kreutzberg, est un étonnant édifice gris argent qui a ouvert ses portes le 24 janvier 1999.

CHRONOLOGIE

Cette chronologie présente les dates les plus importantes de l'histoire de Berlin. Tous les événements sont mentionnés dans cet ouvrage.

XIII° SIÈCLE

Vers 1230
Construction de l'église Saint-Nicolas.
1237
Première mention de Cölln dans les archives.
1244
Première mention de Berlin dans les archives.
Vers 1270
Construction de l'église Sainte-Marie.

XIV° SIÈCLE

1307
Réunion de Berlin et de Cölln.

XVII° SIÈCLE

1618-1648
Guerre de Trente Ans.
1640-1688
Règne de Frédéric-Guillaume, Grand Électeur.
1688
Frédéric, fils de Frédéric-Guillaume, succède à son père comme Grand Électeur du Brandebourg.

XVIII° SIÈCLE

1701
Frédéric devient roi de Prusse sous le titre de Frédéric Ier.
Fin de la construction de la cathédrale française.
1709
Réunion de Berlin, Cölln et de trois villes avoisinantes pour former Berlin.
1740
Début du règne de Frédéric II (le Grand).
1791
Achèvement de la porte de Brandebourg.
1793
Achat de l'île des Paons par le roi Frédéric Guillaume II.

XIX° SIÈCLE

1806-1808
Occupation de Berlin par l'empereur français Napoléon Bonaparte et ses troupes.
1810
Fondation de la plus ancienne université de Berlin, l'Université Humboldt.
1838
Ouverture de la première ligne de chemin de fer reliant Berlin à Potsdam.
1847
Création de la compagnie électrique Siemens.
1848
Révolution à Berlin.
1849
Début de la monarchie parlementaire.
1862
Nouvel aménagement de la ville.

1866

Achèvement de la Nouvelle synagogue.

1871

Création de l'Empire germanique ; Berlin en devient la capitale.

1879

Fondation de l'Université de technologie.

1882

Création de l'orchestre philharmonique de Berlin.

1894

Achèvement du Reichstag.

1895

Achèvement de l'Église commémorative.

XXe SIÈCLE

1905

Achèvement de la cathédrale de Berlin.

1914-18

Première Guerre mondiale ; défaite de l'Allemagne.

1918

Abdication de l'empereur Guillaume II.

1919

Installation de la république de Weimar.

1920

Création du Grand Berlin.

1929

Fusion des services de transport de Berlin.

1933

Adolf Hitler devient chancelier d'Allemagne. Fin de la république de Weimar ; constitution du IIIe Reich. Incendie du Reichstag.

1938

Pogrom des juifs par les nazis : la Nuit de Cristal. Achèvement de la chancellerie de Hitler.

1939

Invasion de la Pologne par l'Allemagne.

1939-45

Seconde Guerre mondiale ; mort de milliers de Berlinois, destruction massive de la ville par les attaques aériennes.

1945

Invasion de l'Allemagne par les troupes soviétiques ; suicide de Hitler et reddition de l'Allemagne. Partage de l'Allemagne et de Berlin en quatre zones.

1948

Fondation de l'Université libre. Création du Berliner Ensemble.

1948-49

Blocus de Berlin.

1949

Création de la République fédérale d'Allemagne et de la République démocratique allemande.

1950

Démolition du palais impérial.

1952

Création de l'orchestre symphonique de Berlin.

1961

Construction du mur de Berlin.

1987

Restauration du quartier Saint-Nicolas.

1989

Chute du mur de Berlin. Démantèlement de la Stasi (police secrète de l'Allemagne de l'Est).

1990

Réunification de Berlin et de l'Allemagne.

1991

Berlin redevient la capitale de l'Allemagne.

1994

Création de la Compagnie des Banques de Berlin. Départ des dernières troupes américaines.

1995

Restauration de la Nouvelle synagogue, devenue musée et centre culturel.

1996

Vote défavorable à la réunion des deux Länder de Berlin et du Brandebourg.

1998

Élections en Allemagne.

1999

Retour du parlement allemand à Berlin qui s'installe dans le Reichstag restauré. Adoption de l'euro comme monnaie.

GLOSSAIRE

abdiquer : renoncer au pouvoir.

Alliés : pendant la Seconde Guerre mondiale, les quatre pays qui ont combattu l'Allemagne : la Grande-Bretagne, la France, les États-Unis et l'URSS.

aspérule : plante odorante dont on utilise les feuilles pour aromatiser la bière.

assemblée : ensemble de personnes qui se réunissent pour débattre des questions politiques et prendre des décisions.

calviniste : protestant qui suit la doctrine de Calvin, chef religieux suisse du XVIe siècle.

camps de concentration : camps d'internement, au nombre de cent environ, où les nazis ont éliminé plus de six millions de personnes, en grande partie des juifs.

capitaliste : qui a trait au capitalisme, système économique fondé sur les entreprises privées. À comparer au communisme.

communiste : qui a trait au communisme, système économique fondé sur les entreprises d'État et un parti politique unique. À comparer au capitalisme.

constitution : ensemble de lois qui déterminent la forme de gouvernement d'un État. Les constitutions précisent les droits et les devoirs de tous, des citoyens aux gouvernants.

dadaïsme : mouvement artistique fondé en Suisse en 1915 en réaction aux horreurs de la Première Guerre mondiale. Les dadaïstes assemblaient des images et des mots au hasard pour faire de la peinture et de la littérature.

démocratie : système politique où les citoyens élisent ceux qui les gouvernent.

électeur : titre donné à tous les princes allemands qui participaient à l'élection de l'empereur du Saint Empire romain germanique. Ils ont gouverné presque toute l'Europe de 800 à 1806. Le Grand Électeur est l'électeur du Brandebourg.

ethnographie : étude des peuples du monde, de leurs coutumes, de leurs croyances, de leurs productions artistiques…

fédéral : relatif à une forme de gouvernement où les autorités nationales et régionales se partagent le pouvoir.

fortifications : murs ou remparts construits pour défendre une ville ou un espace.

Führer : titre que s'est donné Adolf Hitler, le chef des nazis, de 1934 à sa mort en 1945. Mot allemand qui signifie « le guide ».

Gestapo : police secrète des nazis, qui a été créée en 1933. Abréviation de *Geheime Staatspolizei* qui veut dire police secrète d'État.

Guerre froide : crise, tension entre le bloc communiste et le bloc capitaliste, spécialement dans les années 1950 entre l'Union soviétique et les États-Unis. Mais il n'y eut pas de combats armés. La Guerre froide a duré de 1945 à 1990.

heure du méridien de Greenwich : heure de Greenwich, en Angleterre, qui se trouve sur le méridien de longitude zéro et qui sert de référence pour calculer l'heure dans le reste du monde.

Holocauste : massacre de millions de juifs et d'autres peuples comme les Tsiganes par les nazis, qui les avaient d'abord déportés dans les camps de concentration.

huguenots : protestants français, calvinistes en général.

immigrés : étrangers au pays où ils sont venus s'installer, où ils ne sont pas nés et dont ils ne sont pas citoyens.

impérial : relatif à un empire.

inflation : augmentation continue des prix des marchandises.

land : l'un des seize États fédéraux qui composent l'Allemagne. Au pluriel *Länder*.

marxiste : relatif aux idées du penseur allemand du XIXe siècle Karl Marx qui est à l'origine du communisme.

Napoléon Bonaparte : général français qui a dirigé la France à partir de 1799, est devenu empereur en 1804 et l'est resté jusqu'à sa déportation en 1815.

nazi : relatif au parti national-socialiste allemand dirigé par Adolf Hitler. Les nazis furent au pouvoir entre 1933 et 1945 et ils persécutèrent les juifs et d'autres minorités.

occupation d'un pays : action de se rendre maître d'un pays.

persécuter : maltraiter violemment.

pogroms : attaques violentes et organisées, en particulier contre les juifs.

préfabriqué : bâtiment fabriqué dans une usine, puis assemblé sur le site de la construction.

Première Guerre mondiale : guerre importante qui a duré de 1914 à 1918 et qui a concerné beaucoup de pays. Elle s'est soldée par la défaite de l'Allemagne et de l'Autriche-Hongrie et par la victoire de la Grande-Bretagne, la France, la Russie et les États-Unis.

Prusse : grand état du nord de l'Allemagne qui est devenu royaume en 1701 et qui a été démantelé après la Seconde Guerre mondiale.

république : pays gouverné par des dirigeants élus et non par un roi ou une reine.

réunifier : action de réunir, de regrouper en une seule unité.

Seconde Guerre mondiale : guerre importante qui a duré de 1939 à 1945 et a concerné un grand nombre de pays. Elle s'est soldée par la défaite de l'Allemagne, de l'Italie et du Japon et par la victoire des Alliés : la Grande-Bretagne, la France, les États-Unis et l'URSS.

Silésie : région d'Europe que se sont disputées la Prusse et l'Autriche et qui a été divisée entre la Pologne et la République tchèque.

soviétique : relatif à l'URSS.

squatter : occupation sauvage d'anciens appartements ou maisons laissés à l'abandon.

SS : organisation nazie créée en 1925, dont les membres étaient affectés à des tâches précises, comme surveiller les camps de concentration. Abréviation de *Schutzstaffel* qui signifie escouade de sécurité.

Stasi : police secrète de l'Allemagne de l'Est. Abréviation pour *Staatssicherheitsdienst*, qui veut dire service de sécurité d'État.

synagogue : lieu de culte des juifs.

Union européenne : union des quinze pays d'Europe, dont l'Allemagne et la France, qui avait pour mission à l'origine de promouvoir le commerce en Europe. Maintenant les États membres travaillent ensemble à des projets politiques, notamment en matière de politique étrangère.

INDEX